INGLÉS
RÁPIDO Y FÁCIL

INGLÉS
RÁPIDO Y FÁCIL

Editorial Época, S.A. de C.V.
Emperadores No. 185
Col. Portales C.P. 03300, México, D.F.

© *Inglés rápido y fácil*
Diseño de portada: Miriam Alatriste
Diseño de interiores: Magdalena Servín G.

© Derechos reservados 2011
© Editorial Época, S.A. de C.V.
Emperadores No. 185 Col. Portales
C.P. 03300-México, D.F.
www.editorialepoca.com
Tels: 56-04-90-46
      56-04-90-72

ISBN: 970-627-229-7
ISBN: 978-970-627-229-4

Impreso en México — *Printed in Mexico*

INTRODUCCIÓN

Característica de los tiempos modernos en los que ahora vivimos, ha sido la creciente necesidad de intercambio entre las naciones para lograr una mejor convivencia y un desarrollo integral de las mismas. Dada la importancia de la correspondencia establecida por los diferentes países, el medio de comunicación juega un papel trascendental; a este respecto, el idioma inglés se ha convertido en el lazo conductor que une las diferentes posiciones mediante un código comprensible.

La utilización de la lengua inglesa como recurso comunicativo en los asuntos internacionales, actualmente sobrepasa el ámbito de la política y se extiende hacia otras actividades del quehacer humano como el comercio, la ciencia, la cultura, el arte, el deporte; y en general, a todo espacio en donde esté presente la participación mundial.

En la presente obra y advirtiendo el valor que representa, para nuestro tiempo el manejo de una lengua adicional al español, nos avocamos a la enseñanza del idioma inglés mediante una técnica sencilla y completa que nos ayudará tanto a la comprensión y realización de la escritura en inglés, como a la pronunciación y entendimiento del idioma hablado.

Por otro lado, uno de los principales objetivos que debe tener un diccionario bilingüe radica, no únicamente en la traducción de las palabras entre ambos, sino en lograr una ayuda efectiva en la pronunciación correcta de ese idioma, así como el uso de las palabras más comunes, de manera tal que al emplearlas nos facilitan la comunicación y el aprendizaje, de forma moderna, rápida, eficaz y sencilla.

En este diccionario de fácil uso nuestra preocupación giró en torno a ambas cosas; por un lado logramos un diccionario sintético, abarcando las palabras más comunes en ambos idiomas, y por otro lado, una pronunciación del idioma inglés correcta, que es difícil de lograr, sobre todo en diccionarios muy poco explicativos que remiten la pronunciación a signos fonéticos, presuponiendo que todos conocen su interpretación, cosa por demás absurda.

Estamos seguros que este diccionario le será de gran utilidad.

CAPÍTULO 1

EL ABECEDARIO Y SU PRONUNCIACIÓN

En nuestra exposición comenzaremos por el abecedario y las normas de pronunciación usadas para cada una de las letras. Tenemos que considerar que aunque son utilizadas por ambos idiomas las mismas vocales y consonantes, la pronunciación varía de manera considerable, así por ejemplo mientras que en español cada una de las vocales tiene un sonido diferente, en inglés cada vocal puede tener tres o más sonidos diferentes de acuerdo con las consonantes con las que se agrupe para formar sílabas o palabras. En el caso de las consonantes el problema es el mismo.

Para vencer las dificultades que nos proporciona la extensa variedad de sonidos existentes en la lengua inglesa, es necesario practicar continuamente la pronunciación ya sea dialogada con alguna persona que hable el idioma, o leyendo en voz alta diversos escritos.

Abecedario	Nombre	Pronunciación
A	ei	**Como A**
		Si es la vocal tónica y se encuentra antes de la L muda y seguida de F, M o V.
		Como EA
		Si se encuentra antes de una E muda. Ej. fare *fear*.
		Como El
		Cuando está entre dos consonantes y la palabra en E muda. Ej. face *feis*.
		Como O
		Precedida de LT, LL y LS. Ej. fall *fol*; all *ol*.
B	bi	**Como B**
		En la mayoría de los casos y pronunciando un poco más fuerte que el español.
		Muda
		Si antes se encuentra una M y está al final de la palabra. Ej. domb *dom*.
C	si	**Como C**
		Si después se encuentra una A, O, U, L, R y T. Ej. come *com*.
		Como S
		Precedida por E, I e Y. Ej. sensation *senseishon*.

D	**di**	**Como D**

El sonido en inglés es el mismo que en español pero pronunciada de golpe.

E	**i**	**Como E**

En casi todos los monosílabos o seguida de una o más consonantes en una sola sílaba. Ej. bed *bed*; ten *ten*.

Como I

Si forma diptongo con la A. Ej. eagle *igl*; each *ich*.

Muda

Cuando está al final de las palabras exceptuando los monosílabos y las palabras derivadas del griego. Ej. mine *máin*; fate *feit*.

F	**ef**	**ComoF**

En la mayoría de las palabras con un sonido más fuerte que en español. Ej. fellow *felow*.

G	**yi**	**Como G**

Antes de A, O, U, L y R. Ej. gas *gas*.

Como Y

Si está precedida de E, I o Y. Ej. gem *yem*.

9

H	· eich	**Como J**

Como J
Un poco más fuerte que el español y en general al principio de las palabras. Ej. house *jaus*
En otras palabras, se pronuncia más. suave. Ej. hour *jour*.

I	ai	**Como I**

Como I
En monosílabos y entre consonantes. Ej. pin *pin*.

Como Al
En casi todas las palabras con terminación ing, después de consonante. Ej. sing *sing*; life *laif*.

Como E
Si está precedida por una R. Ej. bird *berd*.

J	yei	**Como Y**

Como Y
Si está al principio de la palabra. Ej. joy *yoi*.

K	key	**Como C**

Como C
Si se encuentra antes de A en monosílabos.

Muda
Por lo general antes de N.

L	el	**Muda**

Muda
Si después se encuentra F, K o M.

Como L

Con sonido muy fuerte si está doble. Esta consonante compuesta se encuentra en los monosílabos y al final de la palabra. Ej. mill *mil*.

M	**em**	**Como M**

Y con un sonido fuerte. En inglés nunca es muda.

N	**en**	**Como N**

En la mayoría de las ocasiones y con sonido fuerte. Delante de la G su pronunciación es más suave.

Muda

Cuando le sigue una M o L.

Ñ   **En inglés no existe la consonante.**

O   **o**   **En algunos monosílabos. Ej. not *not*; for *for*; got *got*.**

Como OU

En note nota; alone *aloun*.

Como U

Por lo general si se encuentra en la primera sílaba de las palabras. Y en algunos monosílabos. Ej. Prove *pruv* woman *wumen*; do *du*.

P	**pi**	**Como P**

En algunas palabras con sonido más fuerte.

Muda

Después de S y T

Q	**kiu**	**Como C**

Si se encuentra al principio de las palabras. Ej. quadrant *cwadrant*; quiz *cuis*.

R	**ar**	**Como R**

Igual que en español. No hay distinción entre la R y RR.

S	**es**	**Como S**

Con sonido fuerte en algunas palabras. Ej. yes *yes*; soon *soon*. Existen otras palabras donde el sonido es suave. Ej. praise *prais*.

T	**ti**	**ComoT**

En casi todas las palabras con un sonido más fuerte.

Como SH

Si después le sigue una I y otra vocal. En general, todas las palabras terminadas en *tion*. Ej. nation *neishon*.

U	**iu**	**Como U**

Después de S si ésta equivale a Sh. Ej. sugar *shugar*. También cuando se encuentra después de R,L o J.

Como AU

En unos monosílabos: cut *cot*.

Como IU

Por lo general en palabras que terminan con E muda y la U se encuentra en la primera sílaba. Ej. muse *mius*.

CAPÍTULO II

LAS PARTES DE LA ORACIÓN

EL ARTÍCULO

1. **The**. (el, la, los, las). Su pronunciación es zde con un sonido suave. Este artículo no distingue entre numero y género, así, puede utilizarse de manera indistinta en: the day *Zdei* (el día); the days Zde *deis* (los días); the man *zde man* (el hombre); the woman *zde uóman* (la mujer).

El manejo que se hace de esta palabra en inglés es muy similar en español, sin embargo, suele suprimirse frente a: cargos honoríficos, nombres que designan una especie, nombres abstractos, y nombres propios al inicio de un texto.

Inglés	Pronunciación	Español
Queen Isabel II	*Quin Isabel II*	La reina Isabel II
The book is red	*Zde buk is red*	El libro es rojo
The boys are in the school	*Zde bois ar in the scul*	Los niños están en la escuela
Russians have a big country	*Rushans jav a big contri*	Los rusos tienen un país grande

2. **a** o **an** (una, uno). Su pronunciación es a en el primer caso y an en el segundo. Se utiliza a cuando la palabra siguiente comienza con consonante y an cuando inicia con vocal o H. Este artículo se usa de igual manera para ambos géneros y siempre en singular. El plural corresponde a some, que equivale a algunos, algunas.

Inglés	Pronunciación	Español
a window	*a uíndou*	una ventana
a door	*a dor*	una puerta
an apple	*an apl*	una manzana
an ornament	*an órnamet*	un ornamento
some words	*som wuords*	algunas palabras
some months	*som mondz*	algunos meses

Ejercicio: Practique la escritura de los artículos presentados, con ayuda de los sustantivos que se incluyen en el diccionario al final del texto; no olvide practicarla pronunciación de las palabras.

EL SUSTANTIVO

El nombre o sustantivo en inglés, cumple con la misma tarea que el nombre español: designar un ser, lugar o cosa.

Los nombres se clasifican en: *concretos* como mesa, silla, libro, coche, etc. Comunes como mar, río, ciudad, montaña, etc. *Propios* como México, Everest, Nilo, Europa, etcétera.

• **Género.** Masculino que señala a hombres o animales machos; femenino con referencia a mujeres o animales hembras, y neutro que se aplica a los nombres restantes.

Ejemplos

Inglés	Pronunciación	Español
Masculino		
bull	*bul*	toro
father	*fader*	padre
Femenino		
cow	*cau*	vaca
chair	*chair*	silla

Neutro

book	*buk*	libro
box	*box*	caja

• **Formación del femenino:** Puede ser de tres maneras principalmente:

1. Agregando al masculino la terminación *ess*. Ej. actor, *actress*

2. Mediante el vocablo *maid* que sustituye al masculino man. Ej. milkman, milkmaid, lechera.

3. Son palabras completamente distintas. Ej. wife *uáif* esposa; husband *josband*, esposo; father *fader*, padre; y mother *moder*, madre.

• **Número.** Son dos: singular y plural, la formación de este último se realiza agregando, en el mayor de los casos, una *s* al singular y siempre y cuando la palabra no termine en: ch, o, s, sh, x, y, z.

```
( Ejemplos )
```

Bed	*bed*	cama		beds	*beds*	camas
Dog	*dog*	perro	•	dogs	*dogs*	perros
Car	*car*	carro		cars	*cars*	carros

En casos donde la terminación es *y* antecedida por una consonante, la *y* se torna *i*, y se añade la terminación *es*.

body	*body*	cuerpo	bodies	*bodis*	cuerpos
theory	*dziori*	teoría	• theories	*dzioris*	teorías
lady	*leidi*	señora	ladies	*leidis*	señoras

Las terminaciones o, s, sh, x y z; se sustituyen por *es*.

church	*church*	iglesia	churches	*churches*	iglesias
potato	*poteito*	patata	• potatoes	*poteitos*	patatas
box	*box*	caja	boxes	*boxes*	cajas

Los nombres cuya terminación sea *F*, la sustituye en plural por *ves*.

stepmother	*stepmoder*	madrastra
stepmothers	*stepmoders*	madrastras

Además de la clasificación del sustantivo que ya hemos visto, existe otra que se refiere al papel que desempeña el nombre dentro de la oración. A este respecto, dicha división es la misma tanto en el idioma inglés como para el español, en ambas se les denomina: vocativo, normativo, genitivo, acusativo, dativo o ablativo; según sea el caso. Sin embargo, hay una diferencia importante en cuanto a una de la partes de la división.

Y es que el genitivo o posesivo se forma de manera distinta al inglés. Aquí, el nombre del poseedor se coloca antes que el de la cosa poseída. En español se diría: la casa de Pedro, y en inglés: Peter's house *piter's jaus*. Los elementos que se utilizan para formar el posesivo son el apóstrofe (') y la *s*.

EL ADJETIVO

Es el vocablo que califica al nombre. De igual manera que en español, en inglés el adjetivo puede ser de distintas maneras como a continuación veremos.

• **Adjetivo calificativo.** Difiere del español en que la misma palabra se utiliza de igual manera tanto para el género como para el número, y siempre antes del nombre.

Ejemplos

Inglés   **A big car**
Pronunciación *a big car*
Español   Un carro grande

Inglés   **The small road**
Pronunciación *zde smol roud*
Español   La pequeña carretera

Inglés   **An ugly tree**
Pronunciación *an ógli tri*
Español   Un árbol feo

Inglés	**Some bad boys**
Pronunciación	some bad bois
Español	Algunos niños malos

• **Adjetivo determinativo.** Se refiere a los numerales que pueden ser cardinales u ordinales.

• **Números cardinales**

	Inglés	Pronunciación
1	one	*uán*
2	two	*to*
3	three	*zrí*
4	for	*fór*
5	five	*fáiv*
6	six	*six*
7	seven	*séven*
8	eight	*éit*
9	nine	*náin*
10	ten	*ten*
11	eleven	*iléven*
12	twelve	*tuélv*
13	thirteen	*zoertín*
14	fourteen	*fortín*
15	fifteen	*fiftín*
16	sixteen	*síxtín*
17	seventeen	*séventin*
18	eighteen	*éitin*
19	nineteen	*náintin*
20	twenty	*tuénti*
21	twenty one	*tuénti uán*

22	twenty two	*tuénti to*
30	thirty	*zerti*
40	forty	*fórti*
50	fifty	*fifty*
60	sixty	*sixti*
70	seventy	*séventi*
80	eighty	*éiti*
90	ninety	*náinti*
100	one hundred	*uán joendred*
101	one hundred and one	*uán jondred and uán*
120	one hundred and twenty	*uán joendred and tuénti*
200	two hundred	*tu joendred*
1 000	one thousand	*uán záusand*
10 000	ten thousand	*ten záusand*
1 000 000	one million	*uán milion*
2 000 000	two million	*tu milion*

Después de las centenas (hundred) debe colocarse la conjunción *and* si se sigue algún otro número.

┌─────────────┐
│ Ejemplos │
└─────────────┘

Inglés

Pronunciación

425	four hundred and twenty five	*fur hundred and tuénti fáiv*
301	three hundred and one	*zdrí hundred and uán*
894	eight hundred and ninety four	*éit hondred and náintí for*

21

• Números ordinales

	Inglés	Pronunciación
1°	first	*ferst*
2°	second	*sécond*
3°	third	*zoerd*
4°	fourth	*forth*
5°	fifth	*fifd*
6°	sixth	*siczd*
7°	seventh	*sévend*
8°	eighth	*éit*
9°	ninth	*náind*
10°	tenth	*tenz*
11°	eleventh	*ilévend*
12°	twelfth	*tuélf*
13°	thirteenth	*tertind*
14°	fourteenth	*fortind*
15°	fifteenth	*fiftind*
16°	sixteenth	*síxtind*
17°	seventeenth	*séventind*
18°	eighteenth	*éitind*
19°	nineteenth	*náintind*
20°	twentieth	*tuéntied*
21°	twenty first	*tuénti ferst*
30°	thirtieth	*dertied*

Los números ordinales se emplean principalmente para enumerar los días del mes. Por ejemplo 20 de junio se diría en inglés **twentieth of june**, vigésimo de junio será su traducción literal.

Por lo regular y debido a la extensión de la palabra, los números se escriben abreviados utilizando las últimas letras del nombre ordinal.

$$\boxed{\text{Ejemplos}}$$

Inglés	Pronunciación
1st first	*forst*
2nd second	*sécond*
3rd third	*deerd*
4th fourth	*forzd*

• **Los meses del año y días de la semana**.

Inglés	Pronunciación	Español
January	*yánuari*	enero
February	*fébruari*	febrero
March	*march*	marzo
April	*eipril*	abril
May	*méi*	mayo
June	*yun*	junio
July	*yulái*	julio
August	*ógost*	agosto
September	*septémber*	septiembre
October	*octóber*	octubre
November	*novémber*	noviembre
December	*dicémber*	diciembre

EL PRONOMBRE

Es el vocablo que se utiliza para suplir el nombre. Existen varios tipos de pronombre, comenzaremos por los personales que son los sujetos de la acción.

Inglés	Pronunciación	Español
I	*ái*	Yo
You	*yú*	Tú
He	*ji*	Él
She	*shí*	Ella
It	*ít*	Ello
We	*ui*	Nosotros
You	*yú*	Ustedes
They	*zdéi*	Ellos

Si los pronombres son utilizados como complemento dentro de la oración cambian de la siguiente manera:

Inglés	Pronunciación	Español
Me	*mí*	A mí
You	*yú*	Te, a tí
Him	*jím*	Le, a él
Her	*jer*	Le, a ella
It	*it*	Le, a ello
Us	*os*	Nos, a nosotros
You	*yú*	Les, a vosotros o vosotras
Them	*zdém*	Les, a ellos o ellas

Es importante recordar que en el idioma inglés por ningún motivo se suprime el pronombre, podemos decir en español "tiene un gato", pero en inglés se debe decir **she** has a cat.

> **Ejemplos**

Inglés   **She remembers me**
Pronunciación   *shí rimembers mi*
Español   Ella me recuerda

Inglés   **I believe you**
Pronunciación   *ái bilív yú*
Español   Te creo

Inglés   **They ask him**
Pronunciación   *zdéi ask jim*
Español   Le preguntaron

• **Pronombres posesivos:** Se refiere ala propiedad y son los siguientes:

Mine	*máin*	Mío, mía
Yours	*yúrs*	Tuyo, tuya
His	*jis*	Suyo, suya de él
Hers	*jers*	Suyo, suya de ella
Its	*its*	Suyo, suyo de ello
Ours	*áurs*	Nuestro, nuestra
Yours	*yúrs*	Vuestro, vuestra
Theirs	*zdéirs*	Suyo, suya de ellos o ellas

Inglés	**The house is ours**
Pronunciación	*zde jaus is áurs*
Español	La casa es nuestra

Inglés	**The car is mine**
Pronunciación	*zthe car ís main*
Español	El carro es mío

• **Pronombres reflexivos**. Es cuando la acción es dicha y recae en la misma persona. Aquí el sujeto y complemento son el mismo. Para formar el pronombre reflexivo, se le agrega al adjetivo posesivo la palabra self en singular y selves en plural.

Inglés	**Pronunciación**	**Español**
Myself	*máiself*	Yo mismo
Yourself	*yourself*	Tú mismo, misma
Himself	*jimself*	Él mismo
Herself	*jerself*	Ella misma
Itself	*itself*	Ello mismo
Ourselves	*auersélvs*	Nosotros o nosotras mismas
Themselves	*zdemsélvs*	Ellos o ellas mismas

• **Pronombres demostrativos**. Son cuatro, dos para el singular y dos para el plural.

This	*zdis*	Este, esta
That	*zdat*	Ese, esa, eso, aquel, aquella

| These | *zdis* | Estos, estas |
| Those | *zdous* | Estos, esas, aquellos, aquellas |

Those are the best animals
zdóus ar zde bes anímals
Esos son los mejores animales

That is Peter's Book
dat is piters buk
El libro de Pedro es ese

• **Pronombres relativos**. Son seis, los primeros principalmente para personas y los restantes a cosas. Se utilizan principalmente para preguntar.

Who	*jú*	Quién
Whom	*jum*	A quien
Whose	*jus*	De quien, cuyo, cuya
What	*juat*	A qué
Which	*juich*	Cuál
That	*dat*	Que

El último pronombre *that*, no debe confundirse con el pronombre demostrativo *that*, ese, esa, etcétera.

27

Who is calling me?
Jú is coling mí?
¿Quién me llama?

Which answer is True
juích ansér is tru?
¿Cuál respuesta es verdadera?

Ejercicio. Lea cuidadosamente lo visto en este apartado procurando retener en la memoria las reglas más importantes. Traduzca los siguientes enunciados y elabore otros.

We have the answer:
This red car is mine:
He loves you:
¿Quién es el más alto?:
They insist anywhere:
Estos lápices largos:
We have an education for ourselves
Las sillas son de ustedes
This shop is Joe's

EL VERBO

Los verbos ingleses se dividen en tres principalmente: los regulares y auxiliares. Comenzaremos por los primeros.

• **Verbos regulares**. Se les llama de esta manera porque cumplen las siguientes tres reglas:

1. Forman su pretérito y pasado participio, añadiendo al infinitivo la terminación *d* si el verbo termina en vocal, y *ed* si termina en consonante.

$$\boxed{\text{Ejemplos}}$$

Inglés	Pronunciación	Español
Verbo: to like		
I liked	*ái láiked*	Me gustó
You liked	*yú láiked*	Te gustó
Verbo: to listen		
We listened	*uí lísened*	Escuchamos
They listened	*zdéi lisened*	Escucharon

Los verbos forman su infinitivo con el vocablo *to*. Ej. *to love*, amar; todos los verbos lo presentan a excepción de algunos auxiliares. Cuando lo presentan a excepción de algunos auxiliares. Cuando el verbo es conjugado se pierde al vocablo *to*.

2. Siempre se adiciona a la tercera persona del singular en el presente indicativo, la terminación *s*. Si el verbo termina en *s* o *sh* la terminación será *es*. Si la terminación es *y* se cambia por *i* y se aumenta *es*.

Verbo: to need
He needs　　*jí nids*　　Él necesita
She needs　　*shi nids*　　Ella necesita

Verbo: to study
He studies　　*jí stódis*　　Él estudia
She studies　　*shi stódis*　　Ella estudia

Verbo: to kiss
He kisses　　*jí kises*　　Él besa
She kisses　　*shi kises*　　Ella besa

Para la formación del gerundio o presente participio, se agrega al verbo la terminación *ing*. En casos donde el verbo termine en *e*, se elimina y añade el vocablo mencionado. Si el verbo termina en consonante y la letra anterior es vocal tónica, la consonante se duplica y se agrega la terminación *ing*.

> **Ejemplos**

Verbo: to work
Working　　*uórking*　　Trabajando

Verbo: to close
Closing　　*closing*　　Cerrando

Verbo: to prefer
preferring　　*prefering*　　Prefiriendo

30

La conjugación del gerundio tiene que hacerse con la ayuda del verbo auxiliar to be, ser o estar. Más adelante lo mostraremos.

• **Verbos irregulares**. Son los que forman su pasado participio y pretérito de diversas maneras. Pero conservan la terminación ing para el gerundio.

Ejemplos

Verbo: to see

Presente	See	*sí*	Ver
Pretérito	saw	*só*	Visto
Pasado participio	seen	*siín*	Visto

Verbo: to write

Presente	Write	ráit	Escribir
Pretérito	wrote	rót	Escrito
Pasado participio	writen	ríten	Escrito
Gerundio:	Writting	raíting	Escribiendo

Ejemplos

Inglés	**She writes a letter**
pronunciación	*chi ruáits a léder*
Español	Ella escribe una carta

Inglés	**We saw an ugly animal**
pronunciación	uí sóu an ógly animal
Español	Nosotros vimos un animal feo

31

CAPÍTULO III

VERBOS IRREGULARES
MÁS FRECUENTEMENTE EMPLEADOS

Infinitivo	Pasado	Participio	Traducción
to awake	awoke	awoke	despertar
to be	was, were	been	ser, estar
to become	became	became	llegar a ser
to begin	began	begun	empezar
to bear	bore	bear	soportar, llevar
to break	broke	broken	romper
to bring	brought	brought	traer
to buy	bought	bought	comprar
to blow	blew	blown	soplar
to build	built	built	construir
to catch	caught	caught	coger, atrapar
to come	came	come	venir
to cost	cost	cost	costar
to choose	chose	chosen	escoger
to do	did	done	hacer
to deal (with)	dealt	dealt	tratar (con)
to drink	drank	drunk	tomar

to drive	drove	driven	manejar
to eat	ate	eaten	comer
to fall	fell	fallen	caer(se)
to feel	felt	felt	sentir(se)
to find	found	found	encontrar
to fly	flew	flown	volar
to forget	forgot	forgotten	olvidar
to freeze	froze	frozen	congelar
to fight	fought	fought	pelear
to forbid	forbade	forbidden	prohibir
to get	got	gotten	conseguir
to go	went	gone	it
to grow	grew	grown	crecer
to hang	hung	hung	colgar
to have	had	had	tener
to hear	heard	heard	oír
to hold	held	held	sostener, estrechar
to hurt	hurt	hurt	lastimar
to keep	kept	kept	guardar, conservar
to know	knew	known	saber, conocer
lo lay	laid	laid	mentir
to lead	led	led	guiar, dirigir
to lend	lent	lent	prestar
to let	let	let	dejar
to lay	lay	lay	acostar(se)
to lose	lost	lost	perder (se)
to make	made	made	hacer, manufacturar

to mean	meant	meant	significar
to meet	met	met	conocer
to pay	paid	paid	pagar
to put	put	put	poner
to read	read	read	leer
to sit	sat	sat	sentarse
to sleep	slept	slept	dormir
to speak	spoke	spoken	hablar
to upset	upset	upset	molestarse
to wake	woke	woke	despertarse (se)
to wear	wore	worn	usar, llevar
to win	won	won	ganar
to write	wrote	written	escribir

• **Verbos auxiliares**. Se utilizan para formar los tiempos compuestos de los verbos. Son: **to be**, *tu bí*, ser o estar; **to do**, *tu dú*, hacer; **to have**, tu jav, tener o haber; **can**, *can*, poder; **may**, *mey*, poder; **must**, *most*; **shall**, *shall*, deber y **will**, *uíl*, querer.

Verbos: **to be**. Es uno de los más importantes ya que sirve de auxiliar y se conjuga en todos los tiempos. A continuación los más importantes.

Inglés	pronunciación	Español

Presente indicativo

I am	*ái am*	soy o estoy
You are	*yú ar*	eres o estás
He is	*jí is*	es o está
She is	*shi is*	es o está
It is	*it is*	es o está
We are	*uí ar*	somos o estamos
You are	*yu ar*	sois o estáis
They are	*zdéi ar*	son o están

Pretérito

I was	*ai uás*	era o estaba
You were	*yú uer*	eras o estabas
He was	*ji uás*	era o estaba
She was	*shí uás*	era o estaba
It was	*it uás*	era o estaba
We were	*ui uer*	éramos o estábamos
You were	*yú uer*	érais o estábais
They were	*zdéí uer*	eran o estaban

Futuro

I shall be	*ái shall bi*	seré o estaré
You will be	*yú uíl bi*	serás o estarás
He will be	*jí uil bi*	será o estará
She will be	*shí uill bi*	será o estará
It will be	*it uíl bi*	será o estará

We shall be	*ui shall bi*	seremos o estaremos
You will be	*yú uil bi*	seréis o estaréis
They will be	*zdéi uil bi*	serán o estarán

En la formación del futuro del verbo *to be* y *to have*, se utilizan los verbos auxiliares *shall* para las primeras personas tanto del singular como del plural, y *will* para el resto de las personas.

> **Ejemplos de conjugación**

He will be a good boy
ji uil be a gud bói
él será un buen niño

You are the best friend
Yú ar zde best fiend
Tú eres el mejor amigo

They were the last girls
Zdéi uer zde last gerls
Ellas eran las últimas niñas

Im singing
ái am sínging
estoy cantando

We shall be climbing the rock
uí shall bí climbing zde roc
estaremos escalando la roca

Verbo: **to do**, hacer. Puede conjugarse en todos los tiempos, es uno de los verbos principales.

Presente de indicativo

I do	*ái du*	hago
You do	*yú du*	haces
He does	*ji dóus*	hace
She does	*shí dóus*	hace
It does	*it dóus*	hace
We do	*uí du*	hacemos
You do	*yú du*	hacéis
They do	*zdéi du*	hacen

Pretérito

I did	*ái did*	hago
You did	*yú did*	haces
He did	*ji did*	hace
She did	*shí did*	hace
It did	*it did*	hace
We did	*ui did*	hacemos
You did	*yú did*	hacéis
They did	*zdéi did*	hacen

En el presente indicativo se cambia do por does para la tercera persona del singular. Este verbo también se utiliza como persona del singular. Este verbo también se utiliza como auxiliar en las oraciones interrogativas, siempre y cuando los enunciados de este tipo no estén constituidos por los verbos **to be** y **to have**. Ej. Is he a lawyer?, ¿es él un abogado?; Have you got an answer?, ¿tiene una respuesta?; Do you need money?, ¿necesitas dinero? *Do* no tiene traducción.

She does her dress
Chi dóus jer drees
Ella hace su vestido

Do you have a car?
Du yú jav a car?
¿tienes un carro?

We do the music
Uí du zde miúsic
Nosotros hacemos la música

I did the sauce
ái did zde sos
yo hacía la salsa

Verbo: *to have*, haber o tener. Se conjuga en todos los tiempos, es el auxiliar del pasado en todos los verbos. En el presente indicativo de la tercera persona, se combina *have* por *has*.

Presente indicativo

I have	*ái jav*	he o tengo
You have	*yú jav*	has o tengo
He has	*ji jas*	ha o tengo

38

She has	*shi jas*	ha o tiene
It has	*it jas*	ha o tiene
We have	*uí jav*	hemos o tenemos
You have	*yú jav*	habéis o tenéis
They have	*zdéí jav*	han o tienen

Pretérito

I had	*ái jad*	había o tuve
You had	*yú jad*	has o tuviste
He had	*jí had*	había o tuvo
She had	*shí jad*	había o tuvo
It had	*it jad*	había o tuvo
We had	*uí jad*	habíamos o teníamos
You had	*ya jad*	habíais o teníais
They had	*zdéí jad*	habían o tenían

Futuro

I shall have	*ái shall jav*	habré o tendré
You will have	*yú uil jav*	habrás o tendrás
He will have	*jí uil jav*	habrá o tendrá
She will have	*shí uil jav*	habrá o tendrá
It will have	*it uil jav*	habrá o tendrá
We will have	*ui uil jav*	habremos o tendremos
You will have	*yú uil jav*	habréis o tendréis
They will have	*zdéi uil jav*	habrán o tendrán

He will have a good job
Jí uíl jav a gud yob
él tendrá un buen empleo

We had a beautiful house
uí jad a biutiful jaus
nosotros teníamos una hermosa casa

She has a new book
shi has a new book
ella tiene un nuevo libro

Para formar el tiempo compuesto con el verbo to have, es necesario que el verbo siguiente se encuentre en pasado participio.

Ejemplos

I have seen a lion
Ái jay siin a láion
Yo he visto un león

She has been in Acapulco
Shi jas biin in Acapulco
Ella ha estado en Acapulco

We had liked the coffe
Uí jad láiked zde cáfi
nos había gustado el café

You will have listened the protest
Yú uíl jav lísened zde prótest
Tú habrás escuchado la protesta

Verbo: **Can**, poder. Se refiere ala capacidad. Este verbo como los siguientes, es decir, no se conjugan en todos los tiempos.

Presente de indicativo

I can	*ai can*	puedo
You can	*yú can*	puedes
He can	*jí can*	puede
She can	*shi can*	puede
It can	*it can*	puede
We can	*uí can*	podemos
You can	*yú can*	podéis
They can	*zdéi can*	pueden

Pretérito

I could	*ái cúd*	pude
You could	*yú cúd*	pudiste
He could	*jí cúd*	pudo
She could	*shi cúd*	pudo
It could	*it cúd*	pudo
We could	*uí cúd*	pudimos

| **You could** | *yú cúd* | podíais |
| **They could** | *zdéi cúd* | pudieron |

> Ejemplos de conjugación

I can call you
ái can col yú
Yo puedo llamarte

We can knit a blouse
uí can nit a blaus
Nosotras podemos tejer una blusa

He could have written a book
he cúld jav riten a buk
Él pudo escribir un libro

They could have eaten the candies
zdei cúld jav iten zdi candis
Ellos pudieron comer los dulces

Verbo: *May*, poder. Se refiere a tener permiso, autorización.

Presente
I may	*ái méi*	puedo
You may	*yú méi*	puedes
He may	*ji méi*	puede
She may	*shi méi*	puede
It may	*it méi'*	puede

We may	*uí méi*	podernos
You may	*yú méi*	podéis
They may	*zdéi méi*	pueden

Pretérito

I might	*ái máit*	pude
You might	*yú máit*	pudiste
He might	*jí máit*	pudo
She might	*shí máit*	pudo
It might	*ít máit*	pudo
We might	*uí máit*	pudimos
You might	*yú máit*	pudisteis
They might	*zdéi máit*	pudieron

Ejemplos de conjugación

She may tavel
shí mei trável
Ella puede viajar tiene permiso para hacerlo

We could play
uí cúd plei
Nosotros podíamos jugar

They may work in the office
zdéi méi uórk in zde ofis
Ellos pueden trabajar en la oficina

43

Verbo: **Must**, deber. Se refiere a una exigencia externa, de suma importancia.

Presente de indicativo

I must	*ái most*	debo
You must	*yú most*	debes
He must	*jí most*	debe
She must	*shi most*	debe
It must	*it most*	debe
We must	*uí most*	debemos
You must	*yú most*	debéis
They must	*zdéi most*	deben

Pretérito
Se utiliza el auxiliar en el mismo tiempo

Ejemplos de conjugación

I must read the news
ái most ríd zde niús
Yo debo leer las noticias

They must eat fast
zdéi most ít fast
Ellos deben comer rápido

He must play in the school
jí most plei in zde scul
Él debe jugar en la escuela

44

Verbo: Shall, deber.

Presente de indicativo

I shall	*ái shall*	debo
You shall	*yú shall*	debes
He shall	*jí shall*	debe
She shall	*Shi shall*	debe
It shall	*it shall*	debe
We shall	*ui shall*	debemos
You shall	*yú shall*	debéis
They shall	*zdéi shall*	deben

Pretérito

I should	*ái shud*	debería
You should	*yú shud*	deberías
He should	*ji shud*	debería
She should	*shí shud*	debería
It should	*it shud*	debería
We should	*ui shud*	deberíamos
You should	*yú shud*	deberíais
They should	*zdéi shud*	deberían

• **Conjugación interrogativa**. Generalmente toda oración que pretende ser interrogativa presenta un verbo auxiliar, sin embargo, hay casos donde se prescinde de dicho vocablo, lo que ocurre en tales situaciones es que el pronombre interrogativo es sujeto. Ej. Who is here?, ¿Quién está aquí? En el tipo de oraciones que mencionamos más arriba, el verbo auxiliar se antepone al sujeto. Ej. Will she a book?, ¿Quiere ella un libro?,

Is he a new captain?, ¿Es él un nuevo capitán? Para la repuesta afirmativa se contestaría: Yes, he is o Yes, she will, que significaría: Si él es o Sí, ella quiere. Para la respuesta negativa se emplea *no* y *not* de la siguiente manera: No, he is not o No, she will not, que significaría: No, él no es o No ella no quiere.

Cuando se conjuga un verbo que no es auxiliar y no existe en la oración un pronombre interrogativo, el verbo auxiliar *to do* se utiliza para formar la pregunta de la siguiente manera: *Does* para la tercera persona. Ej. Does she play yesterday? ¿Jugó ella ayer? Do para el resto de las personas. Ej. *Do* you have a car? Tienes carro? Y *did* para el pasado. Ej. Did she need a pen? ¿Necesitó ella una pluma? La respuesta se elabora incluyendo el auxi liar en el tiempo en que se preguntó. Ej. Yes, she does o No, she does not.

EL ADVERBIO

Es la palabra que modifica el verbo, en inglés los adverbios pueden formarse añadiendo al adjetivo el sufijo *ly*, que es el equivalente al vocablo español *mente*. De igual manera que los adjetivos, estas palabras son invariables. Ej. **honest**, honesto; **honestly**, honestamente.

• **Adverbios de modo**. Son los formados con *ly*, y además los siguientes:

As	*as*	como
Bad	*had*	mal
Hard	*jard*	duro

Loud	*laud*	bajo
Those	*zdus*	esos
Well	*uél*	bien
So	*sou*	tan, así que
Very	*very*	muy

Ejemplos

Clara's husband is so funny
Claras jósband is so fóní
El marido de Clara es tan chistoso

Probably Joe is at home
Probabli you is at jom
Probablemente Joel está en casa

Ernest is very important in this country
Ernest is veri important in zdis cantri
Ernesto es muy importante en este pals

• **Adverbios de lugar**

Inglés	pronunciación	Español
here	*jier*	aquí
there	*zdér*	allí
where	*juér*	dónde
near	*nier*	cerca
far	*far*	lejos
within	*uidín*	dentro
behaind	*bijáínd*	detrás

47

before	*bifóar*	antes
forward	*forward*	hacia adelante
southward	*souduard*	hacia el sur
northward	*norduard*	hacia el norte

• **Adverbios de cantidad**

much	*moch*	mucho
little	*litol*	poco
many	*méni*	muchos
few	*fiú*	pocos
how much	*jáu moch cuánto*	
how many	*jáu méni*	cuántos
too much	*tu moch*	demasiado
too many	*tu méni*	demasiados
more	*móar*	más
less	*les*	menos

• **Adverbios de tiempo**

now	*náu*	ahora
always	*alueis*	siempre
never	*never*	nunca
before	*bifoer*	antes
after	*after*	después
soon	*sun*	pronto
late	*léit*	tarde
early	*oerly*	temprano
often	*ófen*	a menudo
then	*zden*	entonces

| already | *olrédi* | ya |
| yet | *yet* | todavía |

LA CONJUNCIÓN

Igual que en español, en inglés las conjunciones son palabras que tienen como tarea enlazar dos términos o dos oraciones. Son invariables y se dividen en cuatro tipos principalmente.

• **Copulativas**

And	*and*	y
Both	*boud*	tanto como
Also	*olso*	de igual manera
Too	*tu*	también
As well as	*as uel as*	también como

Ejemplos

The pen, the pencil and the zde typewriter are mine
Zde pen, zde pencil and zde taipraiter ar main
La pluma, el lápiz y la máquina de escribir son míos

Penny has a horse, Luis does too
Penni jas a jors Luís dos tu
Penni tiene un caballo, Luis también

• Disyuntivas

Either...	*or ider...*	ni uno ni otro
Nither...	*nor nider...*	ni uno ni otro
Or	*or*	o
Otherwise	*oderuais*	de otro modo
Else	*els*	además

Ejemplo

She is either rich or poor
Shí is ider rích or poor
ella es rica o pobre

• Adversativas

But	*pero*	no obstante
Still yet	*stil yet*	todavía
Nevertheless	*neverzdeles*	a pesar
However	*hóuever*	sin embargo
Whereas	*juéaras*	ya que
While	*juáil*	mientras
Only	*onli*	sólo

Ejemplos

I drive a car but it is not mine
ai drive a car bot it is not main
yo manejo un carro pero no es mío

She plays while you work
shi pléis juáil yú uórk
ella juega mientras tú trabajas

• **Variadas**

Therefore	*derfor*	por lo tanto
Then	*zden*	pues
For	*for*	pues
If	*if*	si (condicional)
Although	*aldou*	aunque
Notwithstanding	*notuidstandín*	no obstante
Unless	*onlés*	amenos que
Whenever	*juenever*	siempre que
Whatever	*juatever*	de igual modo
Because	*bícós*	porque
Whether	*jueder*	ya sea que

Ejemplos

Joe has money therefore he is rich
Jou has móni derfor jí is rich
Joel tiene dinero por lo tanto él es rico
Mary comes whenever she can
Mari coms juenever shí can
María viene siempre que puede

I will go if you come
ai wil go if yú com
yo voy si tú vienes

CAPÍTULO IV

LA SINTAXIS

El saber escribir el idioma inglés es tan importante como el hablarlo de manera conecta; por esta razón en el presente capítulo le mostraremos algunas reglas sobre la sintaxis inglesa, con las que podrá escribir clara y sencillamente, y hacerse entender en las situaciones que lo ameriten.

1. Procure formar oraciones que contengan como mínimo sujeto y verbo. Ej. **I write**, yo escribo. Si prefiere complemente el enunciado para darle forma. Ej. **I write a letter for you**, yo escribo una carta para ti.

2. Tenga en cuenta que en idioma inglés se acostumbra invertir el orden de las palabras, como en el caso del adjetivo y en el de frases que indiquen asociaciones.

She has a green car
Shí jas ei grin car
Ella tiene un coche verde. (Traducción textual: Ella tiene un verde coche)

United States
Yunáited Stéits
Estados Unidos. (Traducción textual: Unidos Estados)

Vessels National Association
Vesels nashional asosieshion
Asociación de embarcaciones nacionales. (Traducción textual: Embarcaciones nacionales asociación)

3. Cuando utilice el pronombre genitivo sajón y exista más de un poseedor, el apóstrofe (') y las se colocan en el último poseedor mencionado.

Ejemplo

Peter, Mary and Joe's house is beautiful Piter.
Merry and foes Yous is biútiful
La casa de Pedro, María y Joel es hermosa

4. Todos los verbos en infinitivo deben llevar el vocablo to, en el caso de que después de los verbos: to bid, to dare, to need, to make. To see. To hear, to let;

may, can, will, shall, must; se siga otro verbo en infinitivo, se suprime el **to**.

Ejemplo

Correcto	Incorrecto
I can go	I canto go
I will sing	I will to sing
I shall be there	I shall to be there
I must tell you	I must to tell you

5. Utilice los números arábigos y romanos de igual manera que en español. Para las fechas use sólo números arábigos.

6. Nunca escriba una palabra cuyo significado, ortografía o tiempo (en el caso de un verbo) desconozca.

SIGNOS DE PUNTUACIÓN

Son los mismos en ambos idiomas y se utilizan de igual manera excepto en:

Interrogation mark
interroguéishon mark
signo de interrogación. Sólo se utiliza al final de la pregunta.

Question mark
cuestion mark
signo de admiración. También se utiliza sólo para el final de la pregunta.

Acento ortográfico que es inexistente en la lengua inglesa.

ESCRITURA DE CARTAS

La dirección: se escribe primero el nombre del destinatario con las fórmulas: **Mrs.**, señora; Miss, señorita y Mr., señor. Posteriormente el número de la casa, luego el de la calle y finalmente la entidad federal.

Ejemplo

Miss Susan Crawfor
13-A Lincoln street.
Boston, Mass.

La fecha: deberá de ordenarse de la siguiente manera: ciudad, mes, día y año. Utilice los números ordinales para el día.

Ejemplos

México, June 20th 2000

El encabezado puede ser:

Madam	*madam*	señora
Dear madam	*dier madam*	estimada señora
Sir	*ser*	señor
Dear sr	*dier ser*	estimado señor
Dear friend	*dier frend*	estimado amigo (a)
Dear mother	*dier moder*	querida madre

La despedida puede ser:

Yours truly	*yurs truli*	suyo verdaderamente
With love	*uíd lov*	con amor
Your friend	*yur frend*	tu amigo (a)
Sincerely	*síncereli*	sinceramente

Ejemplos de cartas personales

New York, N.Y.; March 2nd 1990

Dear Mary:

I write these lines to inform you that Luis and I will arrive next week from New York, and we shall visit you. We intend to take a long walk on Mexico city streets an visit the Garibaldi place. We hope to share our vacation with you.

Sincerely, Penny

Traducción:

Estimada María:

Escribo estas líneas para informarte que Luis y yo arribaremos la próxima semana de Nueva York, e iremos a visitarte. Hemos pensado hacer una larga caminata por las calles de México y visitar la plaza de Garibaldi. Esperamos cumplir nuestras vacaciones contigo.

Sinceramente, Penny.

Mexico, September 18 th 1990

Dear mother:

How are you? I am fine, my trip was pleasant. Mexico is a big city and the school is beautiful. I have a lovely room and many books, next Saturday when I will come back home for the rest of my clothes, I will bring you a book. Wait for me and I shall tell you more about my new school and new friends.

With love, Peter.

Traducción:

Querida Madre:

¿Cómo estás? Yo estoy bien, mi viaje fue muy placentero, la ciudad de México es grande y la escuela es hermosa. Tengo una habitación muy hermosa y muchos libros, el siguiente sábado cuando regrese a casa por el resto de mi ropa, te llevaré algún texto. Espérame y te contaré más de mi nueva escuela y amigos.

Con amor de Pedro.

Los Angeles, Cal. May 1st 1990

Clara:

I am glad that you are in Los Angeles again, I missed you. I would like if you visit me next Friday and if the weather is nice, we shall see a movie in the evening, and a walk at the park.

Please, give me regards to your family and remember our date.

Your friend Laura.

Traducción:

Clara:

Me alegro de que estés en Los Angeles de nuevo, te extrañe. Quisiera que vinieras a visitarme el próximo viernes y si el tiempo es bueno, iremos a ver una película en la noche y caminaremos en el parque.

Por favor dale mis recuerdos a tu familia y recuerda nuestra cita.

Tu amiga Laura

RECIBIENDO INVITADOS

My cousins are coming to dinner this evening.
Mai cosins ar coming tu diner zdis ivning
Mis primos vienen a cenar esta noche.

I shall take out an embroidered tablecloth.
Ai shall teik aut en embroiderd teibel-clod.
Sacaré un mantel bordado.

I shall put on my good dinner set.
Ai shell put on mai gud diner set.
Pondré mi buena vajilla.

It is hand-painted porcelain.
It is jand-peinted porcelein.
Es de porcelana pintada a mano.

It comes originally from England.
It coins originali from Ingland.
Viene originalmente de Inglaterra.

I is pleasant to see a well-set table.
It is plesent tu si el uel-set teibel.
Es agradable ver una mesa bien puesta.

I shall also put flowers in a flower vase.
Aí shall olso put flauers in ei flauer vas.
También pondré flores en un florero.

This way all adorned we sit down to eat.
Zis uei ol adornd ui sít daun tu ít.
Así todo adornado nos sentamos a comer.

A good bed is important.

A gud bed is important.

Una buena cama es importante.

I like to change sheets often.

Ai laik tu cheinch shits ofen.

Me gusta cambiar las sábanas seguido.

I have a warm blanket on my bed.

Ai jav ei uorm blanket on mi bed.

Tengo una cobija caliente sobre mi cama.

My mattress is not hard.

Mai matres is not hard.

Mi colchón no es duro.

My pillows are soft.

Mai pilous ar soft.

Mis almohadas son suaves.

I rest very well in bed.

Ai rest ved uel in bed

Descanso muy bien en la cama.

I have a large bedroom.

Ai jav a larch bedrum.

Tengo una recámara grande.

I have there two pretty lamps.
A jav zder tu priti lamps.
Tengo allí dos lámparas bonitas.

One hangs from the ceiling.
Uan jangs from di siling.
Una cuelga del techo.

The other one is on the night-table.
Zi ozder uan is on zdi nait-teibel.
La otra está sobre la mesa de noche.

Through so much light I have thick curtains.
Zru sou moch lait ai jav zdík couertens.
Por tanta luz tengo cortinas gruesas.

I have the disadvantage of the stairs.
It jav di disadvantech of di steirs.
Tiene la desventaja de la escalera.

Continuously one gets up or down the stairs.
Continiusli wan gets ap or dawn di steirs.
De continuo se sube y se baja la escalera.

The Kitchen is modern and functional.
Zdi Kitchen is modern and fujsional.
La cocina es moderna y funcional.

This makes the house very gay.

Zis meíks zdí jaus veri gai.

Esto hace la casa muy alegre.

SOBRE DIVERSIONES

I have a new tape recorder.

Ai jav ei niu teip recorder

Tengo una grabadora nueva

Tape recorders are really useful.

Teip recorders ay rili iusful.

Las grabadoras son en verdad útiles.

I hăve a good Collections of records.

Ai jav ei gud coleczion of records.

Tengo una buena colección de discos.

I have records of songs from many countries.

Ai jav records of songs from meni contris.

Tengo discos de canciones de todo el mundo.

All are very melodious.

Ol ar veri melodious.

Todas son muy melodiosas.

Songs put one in a good humor.

Songs put wan in ei gud jiumor.

Las canciones to ponen a uno de buen humor.

I do not like television too much.
Ai du nat laik television tu moth.
No me gusta demasiado la televisión.

I put it on mainly for the news.
Ai put it on meinli for di nius.
La pongo principalmente para las noticias.

In reality one can live without television.
In reality uan can liv uidout televizion.
En realidad se puede vivir sin televisión.

I will go to the University to some lectures.
Aí uil you tu di luniversiti tu som lectiurs.
Voy a ir a la universidad a unas conferencias.

They will be given by different writers.
Zei uil bi given bai diferent raiters.
Van a ser dadas por distintos escritores.

They will deal universal literature.
Zei uil dil abaut iuniversal literatur.
Van a tratar acerca de la literatura universal.

Such lectures are always interesting.
Soch lectiurs ar olueis interesting.
Tales conferencias son siempre interesantes.

Many cultural institutes also give talks.
Meni cultral institius also giv toks.
Muchos institutos culturales también dan pláticas.

But it is necessary to have an interest.
Bot it is necesari tu jav en ínterest.
Pero es necesario tener interés.

EN LA LAVANDERÍA

A laundry was opend on my street.
Ei londri uas opend on mai strit.
Se abrió una lavandería en mi calle.

I take all my clothing to wash there.
Ai teik ol mai cloding tu uash der.
Llevo toda mi ropa a lavar allí.

The owners of the laundry are Chinese.
Zdi ouners of di londri ar Chainis.
Los dueños de la lavandería son chinos.

They starch the collars of the shirts.
Zei starch di colars of di sherts.
Almidonan los cuellos de las camisas.

Given its good work, the laundry is very successful.
Gíven its gud uerk di londri is veri suxesful.
Dado su buen trabajo tiene mucho éxito la lavandería.

DE COMPRAS

I need a typical Mexican gift,
Ai nid el typcal Meksikan gift
Necesito un regalo típico mexicano.

I find a good curios shop.
Ai find el gud curious shop.
Encuentro una buena tienda de curiosidades.

It takes me time to chose something.
It teiks mi taim tu chus somdting.
Me toma tiempo escoger algo.

Finally I buy a silver bull.
Faínali ai bai el silver bul.
Finalmente compró un toro de plata.

My friends will like the gift.
Maí frends uil laik di gift.
A mis amigos les va a gustar el regalo.

In the villages the markets are out in the open.
In zdi vilaches di markets ar aut in zdi oupen.
En los pueblos los mercados están al aire libre.

They are very picturesque.
Zei ar veri pictiuresk.
Son muy pintorescos.

In these markets you can find everything.
In dis markets yu can faind evrídting.
En estos mercados hay de todo.

The flowers are a symphony of colors.
Zdi flauers ar ei símfoni of colors.
Las flores son una sinfonía de colores.

One can also buy housewares.
Uan ken olso bai jauseuers.
También se pueden comprar cosas para el hogar.

There is much folklore in these village markets.
Zder is moch foulklor ín dis vílash markets.
Hay mucho folclor en estos mercados de los pueblos.

SOBRE EL TELÉFONO

Lately the telephone function badly.
Leítli di telefon funshion badli.
Últimamente los teléfonos funcionan mal.

Wrong numbers always answer.
Rong nombers olueis anzer
Siempre contestan números equivocados.

It is a triumph to get the correct number.
It is el traiumf tu get di corekt number.
Es un triunfo obtener el número correcto.

And to think how expensive the telephone is.
And tu zdink jau expensiv di telefon is.
Y pensar qué caro es el teléfono.

But now everything is very expensive.
Bat nau everizing is veri ekspensiv.
Pero ahora todo es muy caro.

All is due to the so terrible inflation.
OI is diu to di sou terribel infleizion.
Todo es debido ala inflación tan terrible.

SITUACIONES DE HOSPITAL

Miss Johnson fell in her drawing room.
Mís Anson fel in jer droing rum.
La señorita Johnson se cayó en su sala.

She fractured a hip.
Shi fractured el jíp.
Se fracturó la cadera.

Miss Johnson had to be hospitalized.
Mis jonson jad tu bí jospitalaisd.
La señorita Johnson tuvo que ser hospitalizada.

The doctor took her to the Spanish Hospital.
Zdi doctor tuk her tu di Spanish Jospital.
El doctor la llevó al Hospital Español.

After a week she returned home.
Etter ei uik shi riturnd joum.
Luego de una semana retornó a casa.

Nevertheless she still walks with a cane.
Neverzdales shi stil uoks uid el Kein.
Sin embargo todavía camina con un bastón.

It is better to be healthy than sick.
It is beter tu bi jeldi dan sik.
Es mejor estar sano que enfermo.

Sickness finishes people.
Siknes finishes pipol.
La enfermedad acaba a la gente.

When one is healthy one can do everything.
Juen uan is jelzdi uan ken du everizding.
Cuando se es sano se puede hacer de todo.

LOS BANCOS

The bank is a very necessary institution.
Zdí bank is el veri necesarí instituzion.
El banco es una institución muy necesaria.

In the bank you can get many financial services.
In zdi benk you can get meni fainanshíal services.
En el banco se pueden obtener muchos servicios financieros.

All money transactions are made there.
Ol moni transaczions ar meid zder.
Todas las transacciones de dinero se hacen allí.

In the safety-deposit boxes of the bank we kept our valuables.
In zdi seifti-diposit bokses of zdi banks ui kip our valuables.
En las cajas fuertes de los bancos guardamos nuestros valores.

There we also Keep our money
Zder ui olso kip our moni.
Allí también guardarnos nuestro dinero.

In my country the banks belong to the government.
In mai contri zdi banks bilong tu zdi government
En mi país los bancos le pertenecen al gobierno.

Banks are apart of modern life.
Banks ar ei part of modern tail.
Los bancos son parte de la vida moderna.

LA GASOLINERÍA

I went to the gas station
Ai uent tu zdí gas steizion.
Fui a la gasolinera.

I asked the attendant to fill the tank.
Ai ask zdi atendant tu fil zdi tank.
Le pedí al dependiente que llenara el tanque.

I asked him to revise the tires.
At askd jím tu rivais zdí taiers.
Le pedí revisará las llantas.

He also saw the water and the battery.
Ji olso so zdi uater end zdí beteri.
También vio el agua y la batería.

There was oil missing in the car.
Zder uas oil mising in zdi car.
Le faltaba aceite al automóvil.

After thanking I left the gas station.
After zanking al left zdi ges steizíon.
Di las gracias y salí de la gasolinera.

DE PASEO

I have visited many churches in the city.
Ai jav visíted meni choerches ín di sity.
He visitado muchas iglesias en la ciudad.

The majority are catholic.
Zdi majoriti ar cadolic.
La mayoría son católicas.

There also are the protestant ones.
Zder olso ar zdi protestant uans.
También las hay protestantes.

But there are also synagogues and mosques.
Bot zder olso sinagogs end mosks.
Pero también hay sinagogas y mezquitas.

I visited the pyramids whit my friends who ar tourist.
Ai visited de pairamids uit mai frend ju is tourist.
Visité las pirámides con mi amigo quien es turista.

We went up to the pyramid of the Sun.
Uí uent op tu zdi pairamid of zdi son.
Subimos a la del sol.

The only other contry with pyramids is Egypt.
Zdí onli Ozder Kontri uiz piramids is igipt.
El único otro país con pirámides es Egipto.

Mexico is filled with archaelogical ruins.
Meksikou ís fild uid arkeolochical ruins.
México está lleno de ruinas arqueológicas.

There was a very important prehispanic civilization.
Zer uas el veri important prejispanik civilizeízion.
Hubo una importante civilización prehispánica.

The country is filled with different antique cultures.
Zdi contri is fild uid diferent antik culturs.
El país está lleno de diferentes culturas antiguas.

PASATIEMPOS

People have different hobbies.
Pipol jav diferent jobs.
La gente tiene distintos pasatiempos.

Some like to fish.
Som laik tu fish.
A algunos les gusta pescar.

Other like to bowl.
Ozders laik tu boul.
A otros les gusta jugar boliche.

Many persons collect stamps.
Meni persons colekt stamps.
Muchas personas coleccionan timbres.

The important thing is to have a hobby.
Zdi important zíng is tu jav el jobi.
La cosa importante es tener un pasatiempo.

A hobby relaxes the mind.
Ai jobi rilakses zdi maind.
Un pasatiempo relaja la mente.

A hobby is useful for old age.
Ei jobi is iusful for ould eich.
Un pasatiempo es útil para la vejez.

Children like amusement parks.
Children laik amuuement parks.
A los niños les gustan los parques de diversiones.

The majority like the ferris wheel.
Zdi majorití laik zdi ferris, juil.
A la mayoría le gusta la rueda de la fortuna.

Children are also amused by other games.
Children ar olso amiusd bai oder geims.
También se divierten los niños con otros juegos.

I was in a ranch not far from the city.
Ai uas in el ranch not jar from zdi siti.
Estuve en un rancho no lejos de la ciudad.

First I went to see the chicken.
Ferst al uent tu si zdí chiken.
Primero fui a ver los pollos.

There were about one hundred.
Zder uer abaut uan jondred.
Rabia corno cien.

And what a pleasure to eat fresh eggs.
And juat ei plezur tu it fresh egs.
Y qué gusto comer huevos frescos.

There were also many cows.
Zer uer also meni kaus.
También había muchas vacas.

It is a pleasure to drink fresh milk.
It is el plezur tu drink fresh milk.
Es un placer beber leche fresca.

I also saw many donkies.
Ai olso so meni donkis.
También vi muchos burros.

Celery also grows there.
Celeri olso grows zer
El apio también crece allí.

I brought back a basket of celery.
Ai brot bak ei basket ofceleri.
Traje de regreso una canasta de apios

ALOJAMIENTO DE HOTEL

Can you show me a hotel with moderate prices?
Can yu shou mi a hotel uit modereit praises?
¿Puede incicarme un hotel de precios moderados?

I want a room with two beds.
Ai uant a rum iud tu beds.
Deseo una habitación con dos camas.

Do you have a room with a private bath?
Du yu jav a rum uid a praivat rum?
¿Tienen ustedes una habitación con baño?

Is there an elevator?
Is der an eleveitor?
¿Hay elevador?

I prefer a room with a living room.
Aí prifer ei rum uid a livin rum.
Prefiero una habitación con saloncito.

Is there a phone in the living room?
Is der ei fon in di living rum?
¿Hay teléfono en la habitación?

What is your weekly rate?
Juan is your uicli reit?
¿Cuál es su precio por habitación?

For two weeks?
For tu uics?
¿Por dos semanas?

Do you have anything cheaper?
Du yu jav enizding chípper?
¿No tiene algo más barato?

Please send our luggage up
Plis send auer laguech ap.
Sírvanse mandar subir mi equipaje.

I wish you could send for our luggage.
Ai iush yu cud send for auar logash.
Deseo que manden a buscar nuestros equipaje.

Here is the ticket.
jir is de tiket.
Aquí está el talón.

At what time is the lunch?
At Juot taim is de laneh?
¿A qué hora sirven la comida?

Bring me my breakfast
Bring mi mai brekfast.
Tráigame el desayuno.

I prefer chocolate with milk.
Ai prefer chocolat uíd milk.
Prefiero el chocolate con leche.

CAPÍTULO V

DICCIONARIO DE VOCES INGLESAS

Inglés	pronunciación	Español
able	*eibl*	hábil, capaz
abaut	*abáut*	acerca, alrededor
account	*acáunt*	cuenta
acid	*ásid*	ácido
across	*across*	atráves
act	*akt*	acto
add	*aproch*	añadir
addition	*adishon*	suma, añadidura
adjustment	*adyustment*	ajuste
advertise	*ádvertais*	anuncio, aviso
advice	*adváis*	consejo
afraid	*afréid*	asustado, miedoso
after	*áftar*	después
again	*aguein*	de nuevo
age	*eish*	edad
agreement	*agriiment*	acuerdo pacto
air	*ear*	aire
all	*ol*	todo, os, as

ago	*ago*	hace tiempo
ahead	*ajed*	adelante
allow	*alou*	permitir
almost	*almost*	casi
alone	*aloun*	sólo, solamente
already	*olredi*	ya
also	*ólso*	también
although	*oldou*	aunque
among	*among*	entre, en medio
amount	*amáunt*	importe, cantidad
amusement	*amuúsment*	recreo, diversión
and	*and*	y
angle	*einguel*	ángulo
anger	*anguer*	ira, enfado
animal	*animal*	animal
ankle	*ánkel*	tobillo
another	*anoder*	otro
answer	*ánser*	respuesta
ant	*ánt*	hormiga
any	*eni*	cualquiera, alguno
anybody	*·enibody*	alguno, alguien
anything	*enízding*	alguna cosa
anywhere	*eniuer*	donde quiera
apologize	*apoloshais*	excusarse
apparatus	*aparaitus*	aparato
appear	*apear*	aparecer
apple	*apol*	manzana
apply	*aplai*	apelar, solicitar, aplicar
approach	*aproch*	acercar, acercarse

approval	*aprouval*	aprobación
april	*éipril*	abril
arch	*arch*	arco
arm	*arm*	arma
armchair	*armchér*	sillón
armpit	*armpit*	sobaco
army	*armi*	ejército
around	*arraund*	alrededor
art	*art*	arte
attach	*átach*	atacar
attempt	*atempt*	intentar
attention	*aténshon*	atención
attraction	*atrácshon*	atracción
august	*ógoest*	agosto
autumn	*otoum*	otoño
authority	*autoriti*	autoridad
avoid	*avóid*	evitar
awake	*auéik*	despierto, despertarse
away	*auey*	lejos, distancia
baby	*béibi*	bebe, niño pequeño
bachelor	*bachlor*	soltero
back	*bac*	regresar, espalda, lomo
background	*bacgraun*	fondo, último término
bacon	*béicon*	tocino
bad	*bad*	malo, mal
badly	*badli*	de mala manera
bag	*bag*	bolsa, costal, saco
baggage	*bragach*	equipaje
bake	*béik*	cocer

balance	*balans*	balance, balanza
bald	*bold*	calvo, pelón
ball	*bol*	pelota, globo
banana	*banána*	plátano
base	*bier*	base
band	*band*	banda, venda
basin	*béisin*	palangana
baker	*beiker*	panadero
bank	*bank*	banco, orilla
banker	*banker*	banquero
banquet	*banket*	banquete
bar	*bar*	bar, barra, cantina
barber	*barber*	berbero
bare	*bier*	desnudo, raso, sencillo
barefoot	*berfut*	descalzo
bargain	*barguéin*	negocio, trato
bark	*bark*	ladrido
barley	*báerli*	cebada
basis	*báisis*	base, fundamento
basket	*basket*	canasta
bath	*bad*	baño
bathroom	*badrum*	cuarto de baño
bay	*béi*	bahía
be	*bí*	ser o estar
beach	*bích*	playa
bean	*bin*	frijol, aluvia
bear	*bear*	oso, llevar cerveza
beard	*bird*	barba
beast	*bist*	bestia

80

beat	bit	pegar o golpear
beautiful	biutiful	hermoso
beauty	biuti	belleza
because	bicoos	porque (contestación)
become	bicóm	llegar a ser
bed	bed	cama
bedroom	bedrum	recámara
bee	bii	abeja
beef	bif	came, res
beefsteak	bifsteik	bistec
beer	bir	cerveza
beet	bit	betabel
before	bifor	antes
beg	beg	suplicar, pedir
begin	bigin	comenzar
behaviour	bijeivior	conducta
behind	bijaind	atrás
being	being	siendo
belgian	belgiam	belga
belief	bilif	crecer
belle	bel	campana
belly	béli	vientre, barriga
bent	bent	encorvarse, doblarse
belong	belong	pertenecer
below	bílow	abajo, bajo
belt	belt	cinturón
bench	bench	banco
berry	berri	mora, frambuesa
beside	bisaid	al lado
best	best	(el, lo) mejor

better	*béter*	mejor (que)
between	*bituin*	entre, en medio
beverage	*beveresh*	brebaje, bebida
beyond	*beyond*	más allá, fuera de
bi	*bai*	prefijo que indica duplicidad
bible	*báibol*	biblia
bibliography	*bibliografi*	bibliografía
bicycle	*baisicol*	bicicleta
bill	*bil*	lista, aviso, factura
billboard	*billbard*	cartelera
bind	*baind*	atar, juntar
biograph	*biograf*	biógrafo
bird	*berd*	pájaro
birth	*berzd*	nacimiento
birthday	*birzdai*	cumpleaños
bishop	*bishop*	obispo
bit	*bit*	mordisco, bocado
bite	*bait*	morder, picar
bitter	*biter*	amargo
bitterly	*biterly*	amargamente
black	*blac*	negro
blacsmith	*blacsmíz*	herrero
blackmail	*blacméil*	chantaje
blackness	*blacnes*	oscuridad
blade	*bleid*	hoja (corte)
blame	*bleim*	culpar, acusar
blank	*blanc*	en blanco
blanket	*blánket*	manta, cobija
blaze	*bléis*	flama, llama

bleach	*blich*	blanquear, decolorar
bleed	*blid*	sangrar
blees	*bles*	bendecir
blessing	*blésing*	bendición
blind	*bláind*	ciego
blindness	*blaindnes*	ceguera
bload	*bloat*	hinchar, hinchazón
block	*bloc*	bloque
blond	*blond*	rubio
blood	*blod*	rubia
bloodhound	*blodjaund*	sabueso
bloody	*blody*	sangriento
blossom	*blósom*	capullo, botón
blouse	*bláus*	blusa
blow	*blow*	golpe
blue	*blu*	azul
board	*bord*	tabla
boat	*bout*	bote
body	*bodi*	cuerpo
boil	*boil*	hervir
boiler	*bóiler*	caldera, calentador
bond	*bond*	bono, fianza
bone	*bóun*	hueso
book	*buc*	libro
boot	*but*	bota
both	*bouzd*	ambos, los dos
border	*bórder*	frontera, orilla, lindero
borrow	*borrou*	pedir prestado
boss	*bas*	jefe, capataz

bother	*bóder*	molestar, incomodar
bottle	*botel*	botella
bottom	*bótom*	fondo, inferior, lo más bajo
bottomless	*bótomles*	sin fondo
bow	*bou*	saludo, reverencia
bow	*bo*	arco (de flecha o violín)
bowel	*báuel*	intestino
box	*box*	caja, palco
brain	*bréin*	cerebro, sesos
branch	*bránch*	rama
brake	*bréik*	freno, palanca
brass	*braas*	bronce
brave	*bréiv*	bravo, valeroso
bread	*bred*	pan
break	*breik*	romper, quebrar
breakdown	*brekdáun*	agotamiento
breakfast	*breakfast*	desayuno
breast	*brest*	pecho, seno
breath	*bred*	aliento
breed	*brid*	criar engendrar
breeding	*bríding*	cría, crianza
breeze	*bris*	briza
brevity	*brevití*	brevedad
brick	*briek*	ladrillo
bride	*braid*	novia
bridegroom	*braidgrúm*	novio
bridge	*britch*	puente
bright	*brait*	brillante

brief	brif	breve
british	british	inglés, británico
broad	broil	ancho
broadcasting	brodcasting	radiodifusión
broil	broil	asar carne, reñir
broiler	bróiler	parrilla
broken	brouken	roto
broker	brouker	corredor, agente de bolsa
broom	brum	escoba
broth	brozd	caldo
brother	bróder	hermano
brown	bráun	cardo
brush	brosh	cepillo
brusseles	brosels	bruselas
bucket	boket	balde, cubo
bug	bog	chinche
building	bilding	edificio
builder	bilder	constructor
bulp	balp	ampolleta
bullfight	bulfáit	corrida de toros
bunch	bánch	racimo, manojo
bundle	bondl	paquete, atado
burden	borden	carga
burn	born	quemar
burnt	bernt	quemado
bush	bush	arbusto
business	bísnes	negocio
busy	bisi	atareado
but	bot	pero, aunque, sino

butcher	*bocher*	carnicero
butter	*buter*	mantequilla
butterfly	*buterflaí*	mariposa
button	*btn*	botón
buttonhole	*botonjóul*	ojal
buyer	*báier*	comprador
by	*bai*	por, cerca, al lado
cabin	*cabin*	cabina, camarote
cabinete	*cábinet*	gabinete, ministerio
cable	*kéibol*	cable
cage	*kéich*	jaula
cake	*keik*	torta
calf	*caf*	becerro, ternera
call	*col*	llamar, visitar
calm	*cam*	calma, quietud
camera	*cámera*	cámara fotográfica o de video
campaign	*campéin*	campaña electoral o de publicidad
can	*can*	poder
Canadian	*canédian*	canadiense
candle	*cándel*	vela
candlesticj	*cándelstic*	bujía
candy	*candi*	dulce
cane	*kein*	caña, bastón
cane mil	*kéin mil*	ingenio de azúcar
cantaloup	*cántalop*	melón
canvas	*cánvas*	lona, toldo, vela de buque
cease	*sis*	cesar

ceiling	*síling*	cielo raso, techo
cellar	*séler*	bodega
cent	*sent*	centavo
center	*sénter*	centro
century	*sénchuri*	siglo, cien arios
certain	*cértein*	cierto
chain	*chein*	cadena
chair	*char*	silla
chairman	*che 'arman*	presidente
chalk	*shoolk*	yeso
chance	*chans*	oportunidad, suerte
daily	*deili*	diario, cotidiano
dairy	*déiliri*	lechería
dam	*dam*	presa de agua
damage	*damach*	daño
damp	*damp*	mojado
dance	*dans*	baile
danger	*déinyer*	peligro
danish	*deinish*	danés
dare	*der*	atreverse
dark	*dark*	oscuro, negro
darkness	*darknes*	oscuridad
darling	*dárling*	amado
date	*deit*	fecha, cita
daughter	*dooter*	hija
dawn	*dawn*	abajo
day	*deí*	día, época
daylight	*deiláit*	luz diurna
daytime	*deitáim*	de día
dead	*ded*	muerto

deaf	def	sordo
debt	debt	deuda
deceit	disit	engaño
deceive	disiv	engañar
december	dísémber	diciembre
decency	disenci	decencia, recato
decent	dísent	decente, honesto
decide	disáid	decidir, resolver
decision	desishon	decisión
declare	dicleir	declarar
decrease	dicris	decrecer
dedicate	dedikéit	dedicar, aplicar
deed	did	acta, hecho
deep	dip	profundo
definite	définit	definido
degree	digri	grado
delay	deley	tardar
delicate	delkeit	delicado
delicious	delishus	delicioso
deliver	deliver	rendir, entregar
demonstrate	démostreit	demostrar
dentist	déntist	dentista
deny	dinái	negar
department	department	despacho, departamento
departure	dipartur	partida
depend	depénd	depender
description	descripshion	descripción
desert	disert	desierto, yermo
desert	désert	desamparar

deserve	*deséry*	merecer
deserving	*desérving*	merecedor
design	*disáin*	dibujo, diseño
desire	*dísair*	desar
despatch	*dispach*	despacho
dessert	*disért*	postre
destination	*destinéishon*	destino
destiny	*déstíni*	destino, sino
destruction	*dístrakshon*	destrucción
detach	*detách*	separar, deprender
detail	*ditéil*	detalle
develop	*devélop*	desarrollar
dial	*dáial*	cuadrante, marcar
		número telefónico
each	*ich*	caja, todo
ear	*ier*	oreja, oir
early	*erli*	temprano
earth	*erzd*	tierra
easy	*isí*	fácil
east	*ist*	este, oriente
edge	*ech*	borde,filo
edible	*edible*	comestible
education	*edukeishon*	educación
affect	*afect*	efecto
effort	*éfort*	esfuerzo
egg	*eg*	huevo
eggplant	*égplant*	berenjena
either	*ider*	uno u otro
elastic	*ilástík*	elástico
elbow	*élbou*	codo

electric	*iléctric*	eléctrico
elevate	*elevéit*	elevado
elevator	*elevéitor*	ascensor
else	*éls*	más, además, de otro modo
elsewhere	*élsjuer*	en cualquier otra parte
embassy	*émbasi*	embajada
embrace	*embreís*	abrazar, rodear
emergency	*émerchensi*	emergencia
emotion	*emoushon*	emoción
emperor	*émperor*	emperador
emphasize	*émfasais*	énfasis
employ	*emploi*	empleo, emplear
employee	*émploíi*	empleado
employer	*emplóier*	patrono, contratista
empty	*émpti*	vacío, desocupado
end	*end*	fin, término
enable	*enéib'l*	habilitar, permitir
encircle	*ensérc 'l*	cercar
enclose	*enclóus*	circundar, rodear
encourage	*encórech*	estimular
endanger	*endéncher*	arriesgar
endless	*éndles*	sin fin
enemy	*énemi*	enemigo
energy	*éneryi*	energía
engage	*enguéich*	comprometer
engagement	*engeuichment*	compromiso
engin	*énchín*	motor, máquina

enginner	*enchinier*	ingeniero
enjoy	*enchoi*	disfrutar
enjoyment	*enchoiment*	goce, disfrute
enlarge	*enlárch*	aumentar
enough	*inof*	bastante
entangle	*entangl*	enredar, intrincar
enter	*enter*	penetrar, entrar
enterprise	*enterpríse*	empresa
entertain	*entertéin*	entretener
entire	*entáier*	entero
entrance	*éntrans*	entrada, puerta
enumerate	*enumeréit*	enumerar
envelop	*énvelop*	envolver, sobre
environment	*enváironment*	medio ambiente
fabric	*fábric*	fábrica tela
face	*feis*	rostro
fact	*fact*	hecho
factory	*fáctori*	fábrica taller
fade	*feid*	marchitar, desmejorar
fail	*feil*	fallar
failure	*féiliur*	fracaso
faint	*feint*	desmayarse
faith	*feitd*	fe, lealtad
faithful	*féitful*	fiel, leal
fall	*fool*	caída, otoño, catarata
fame	*feim*	fama
false	*fals*	falso
family	*fámili*	familia

famous	*féimous*	famoso
fan	*fan*	abanico
fancy	*fánsi*	imaginación
far	*far*	lejos
farewell	*fearuél*	despedida, adiós
farm	*farm*	granja
farmer	*farmer*	granjero
farther	*farder*	más lejos
farthest	*fárdest*	lejísimo
fashion	*fáshon*	moda, estilo
fast	*fast*	ayuno, rápido
fasten	*fásen*	apretar, sujetar
fat	*fat*	gordo, manteca
fate	*féit*	destino, suerte
father	*fader*	padre
fault	*folt*	falta, culpa
favor	*féivor*	favor
fear	*fier*	temer, temor
feather	*feder*	rasgo, carácter
february	*februari*	febrero
fee	*fi*	honorarios, propina
feeble	*Fíbel*	débil, inclinar
feeling	*filing*	sentimiento
fellow	*félou*	compañero, socio
fellowship	*féloship*	beca, asociación
felt	*felt*	fieltro
female	*fimel*	hembra, femenino
feminine	*jétnini*	femenino
Gaiety	*geiti*	alegría, júbilo

gaily	*geily*	alegremente
gain	*géin*	ganar, lograr
gallery	*gáleri*	galería, balcón
gambler	*gambler*	jugador, tahur
gambling	*gambling*	juego (dinero)
game	*géim*	juego por deporte, caza
garden	*garden*	jardín, huerto
gardener	*gardener*	jardinero
gardenia	*gardnia*	gardenia
garment	*garment*	vestuario
gas	*gas*	gas, gasolina
gas station	*gas steishon*	gasolinera
gasoline	*gásolin*	gasolina
gate	*gader*	puerta, barrera
gather	*Bader*	reunir, coger
gay	*guéi*	alegre, festivo
gee	*yii*	¡caramba!
gender	*llender*	género gramatical
general	*lléneral*	general
genius	*llinius*	genio
gentle	*lllentl*	gentil, suave
gentleman	*llentelman*	caballero
gentleness	*lléntelnes*	dulzura, urbanidad
gently	*lléntil*	dúlcemente
genus	*llinus*	género biológico
get	*get*	conseguir llegar
ghost	*góust*	espectro

ÍNDICE

**Esta obra se termino de imprimir
en Agosto del 2016 en los
talleres de Offset Efectivo S.A. de C.V.
Plaza del Árbol 7 Col. Dr. Alfonso Ortiz Tirado
C.P. 09020 México D.F.
Tiro de 1,000 ejemplares más sobrantes**